SOMMAIRE

LES PREMIERS HOMMES

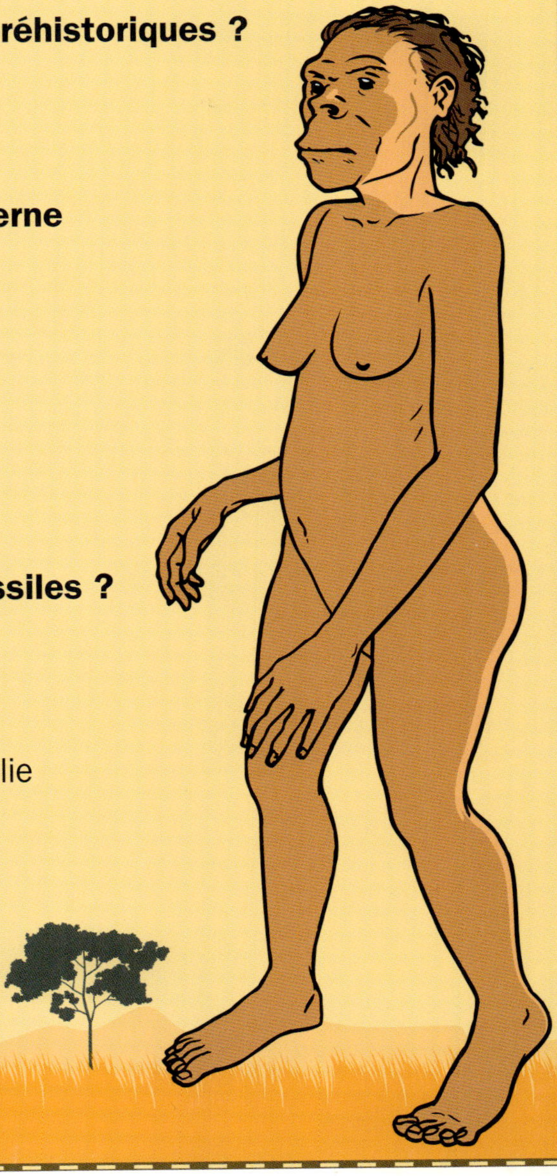

Nous remercions le journal Mon Quotidien, un journal quotidien d'actualité pour les enfants qui publie chaque jour une infographie destinée aux 10-14 ans.

ISBN : 2-84203-401-5. Loi n° 49956 du 16 juillet 1949 sur les publications destinées à la jeunesse.
Dépôt légal : septembre 2001. Imprimé en Espagne.

À retenir

1 **La préhistoire est la période qui va de l'apparition de l'homme à l'invention de l'écriture.**

2 **L'âge de la pierre et l'âge du bronze font partie de la préhistoire. L'âge de fer est une période intermédiaire entre la préhistoire et l'histoire.**

3 **Durant ces 3 périodes, l'homme a évolué. Il a perfectionné et inventé de nouveaux outils.**

4 **Pendant l'âge de la pierre, les caractéristiques physiques (taille, poids du cerveau...) des premiers hommes ont beaucoup changé.**

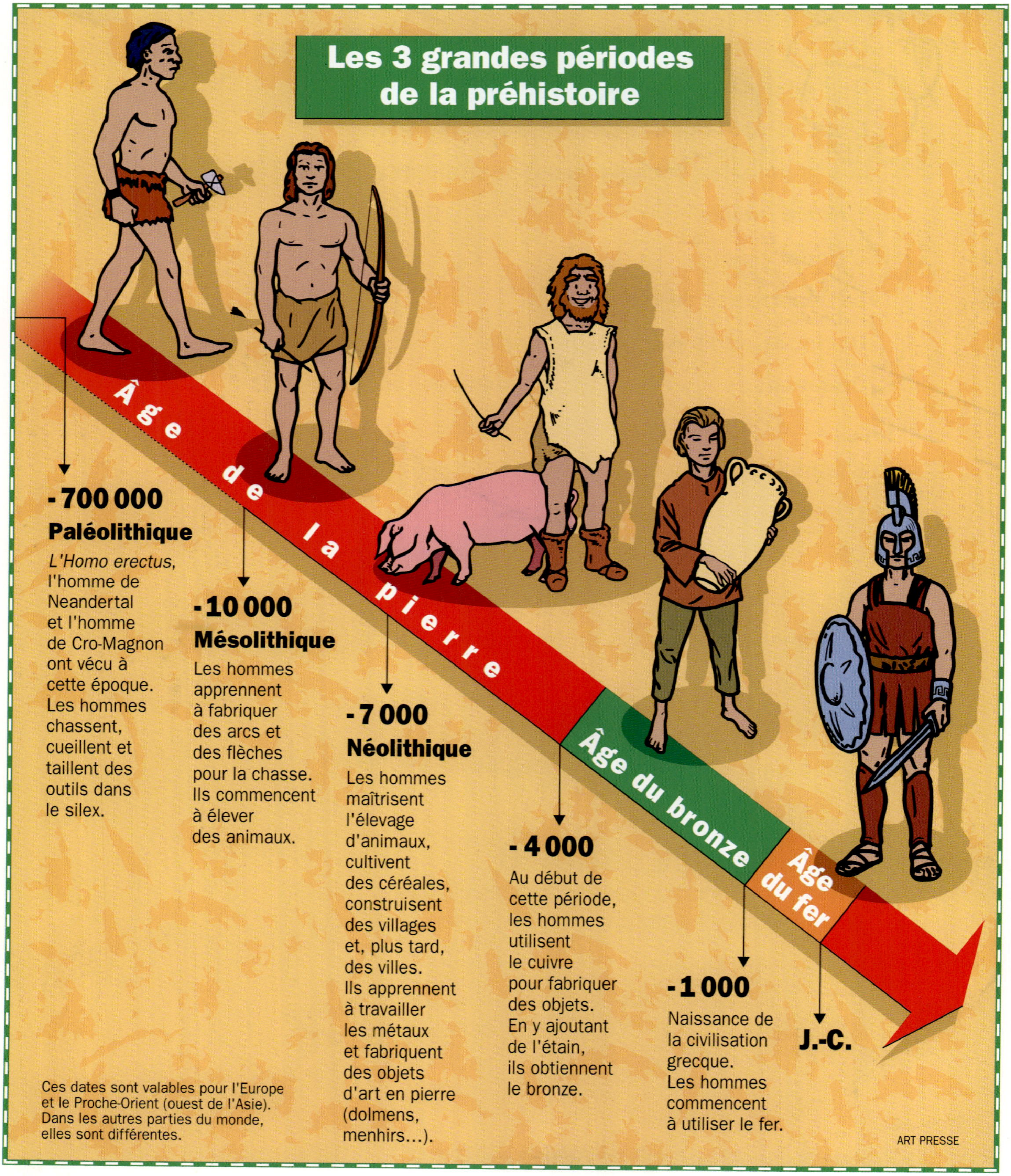

À retenir

1. Le berceau de l'humanité se situe en Afrique de l'Est.
2. Dans cette région, l'australopithèque, un être bipède proche du chimpanzé, a commencé à se servir de ses mains.
3. Plus tard, l'*Homo erectus* se déplaçait debout. Il a perfectionné la taille des silex et a maîtrisé le feu.
4. Notre ancêtre direct est l'*Homo sapiens sapiens.*
5. L'*Homo sapiens sapiens* savait construire des villages, sculpter, graver, cultiver la terre…

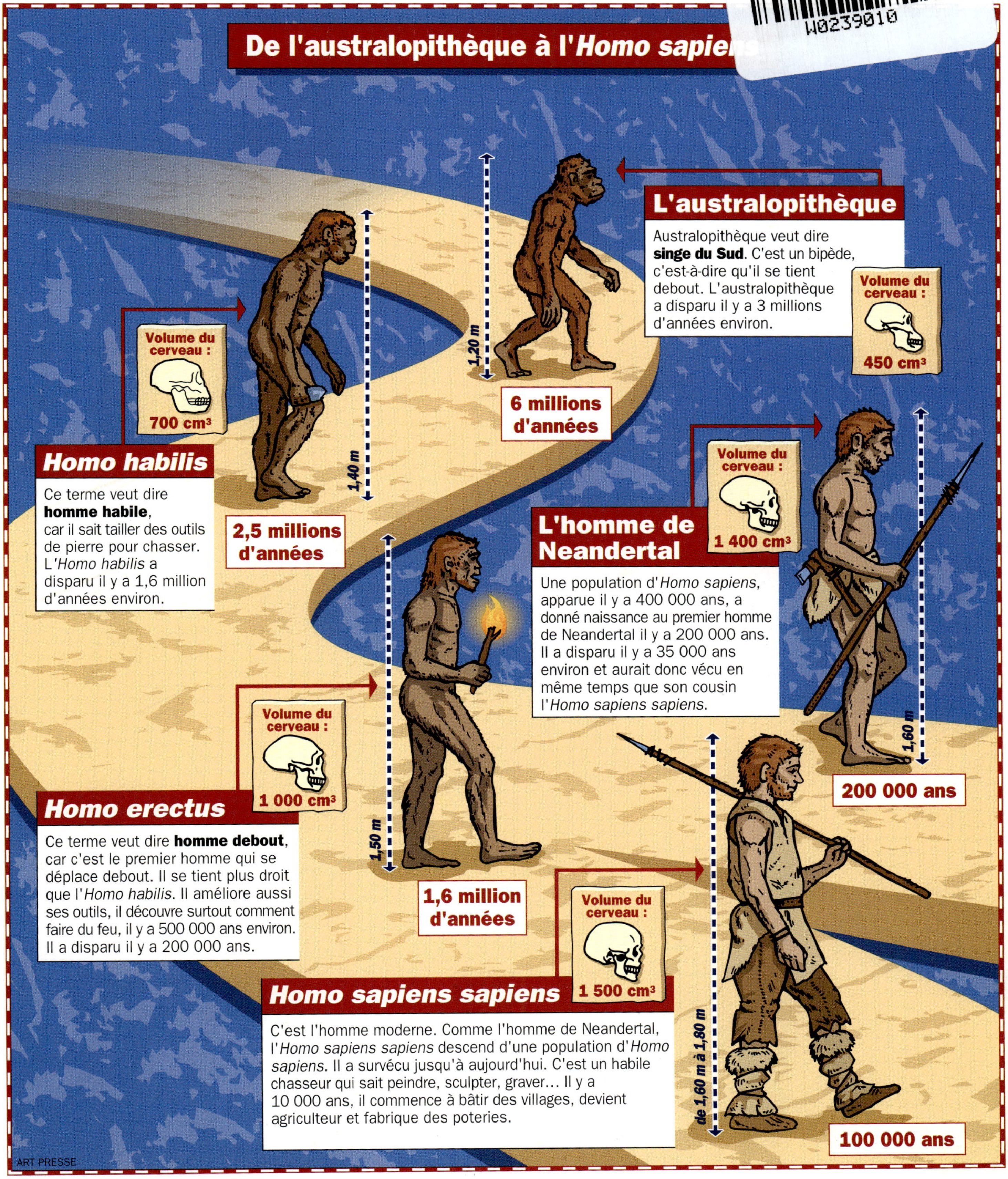

À retenir

1 **Les australopithèques ont vécu il y a plus de 6 millions d'années.**

2 **Ils ont peuplé l'Afrique de l'Est et du Sud.**

3 **Les australopithèques sont les premiers ancêtres de l'homme à avoir appris à se tenir sur deux pieds. En effet, ils avaient besoin de se redresser pour voir, au-dessus des hautes herbes de la savane, les prédateurs et les proies.**

4 **La plupart des australopithèques ont disparu il y a 3 millions d'années environ.**

L'australopithèque

Presque un homme

L'australopithèque a vécu il y a plus de 6 millions d'années et a peuplé l'Afrique de l'Est et du Sud. Il y a eu différentes sortes d'australopithèques. Ils ont été les premiers êtres à se tenir debout sur deux pieds.

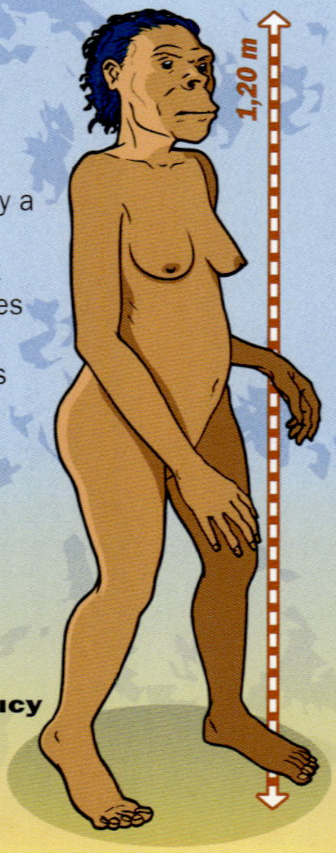

Pourquoi est-il devenu bipède ?

Les singes, tels que le chimpanzé ou le gorille, qui existaient déjà avant l'apparition de l'australopithèque, vivaient surtout dans les arbres. Or, il y a 6 millions d'années environ, la savane a remplacé peu à peu la forêt. Par conséquent, les australopithèques avaient besoin de se redresser pour voir, au-dessus des hautes herbes de la savane, les prédateurs et les proies. Ils ont donc appris à se tenir sur deux pieds. Malgré tout, l'australopithèque n'arrivait pas complètement à marcher dans cette position redressée.

Des cris pour communiquer

En analysant les os du cou et de la mâchoire des australopithèques découverts, les savants en ont conclu qu'ils ne communiquaient pas par un langage articulé mais par des cris.

ART PRESSE

L'évolution vers l'*Homo habilis*

La plupart des australopithèques ont disparu il y a 3 millions d'années environ. À cette époque, le milieu naturel est devenu de plus en plus sec et plus frais. Seuls quelques australopithèques ont réussi à s'adapter parfaitement à la position redressée pour survivre. Ils se sont transformés en *Homo habilis*.

Savane : vaste prairie où poussent des hautes herbes.
Articulé : prononcé clairement.

À retenir

❶ Les découvertes des paléontologues nous ont permis de mieux connaître les australopithèques.

❷ Il existait plusieurs sortes d'australopithèques. Ce qui les unit est le fait qu'ils étaient tous des bipèdes, c'est-à-dire qu'ils marchaient sur deux pattes.

❸ Les principales découvertes d'australopithèques ont eu lieu sur le continent africain au XXe siècle.

❹ Aujourd'hui les paléontologues essayent de trouver le « père » de tous les australopithèques qui pourrait être l'ancêtre commun des hommes et des grands singes.

Les principales découvertes d'australopithèques

Le mot australopithèque signifie* singe du Sud. *Il s'agit de l'ancêtre de l'homme qui vivait en Afrique il y a 3 à 4 millions d'années.

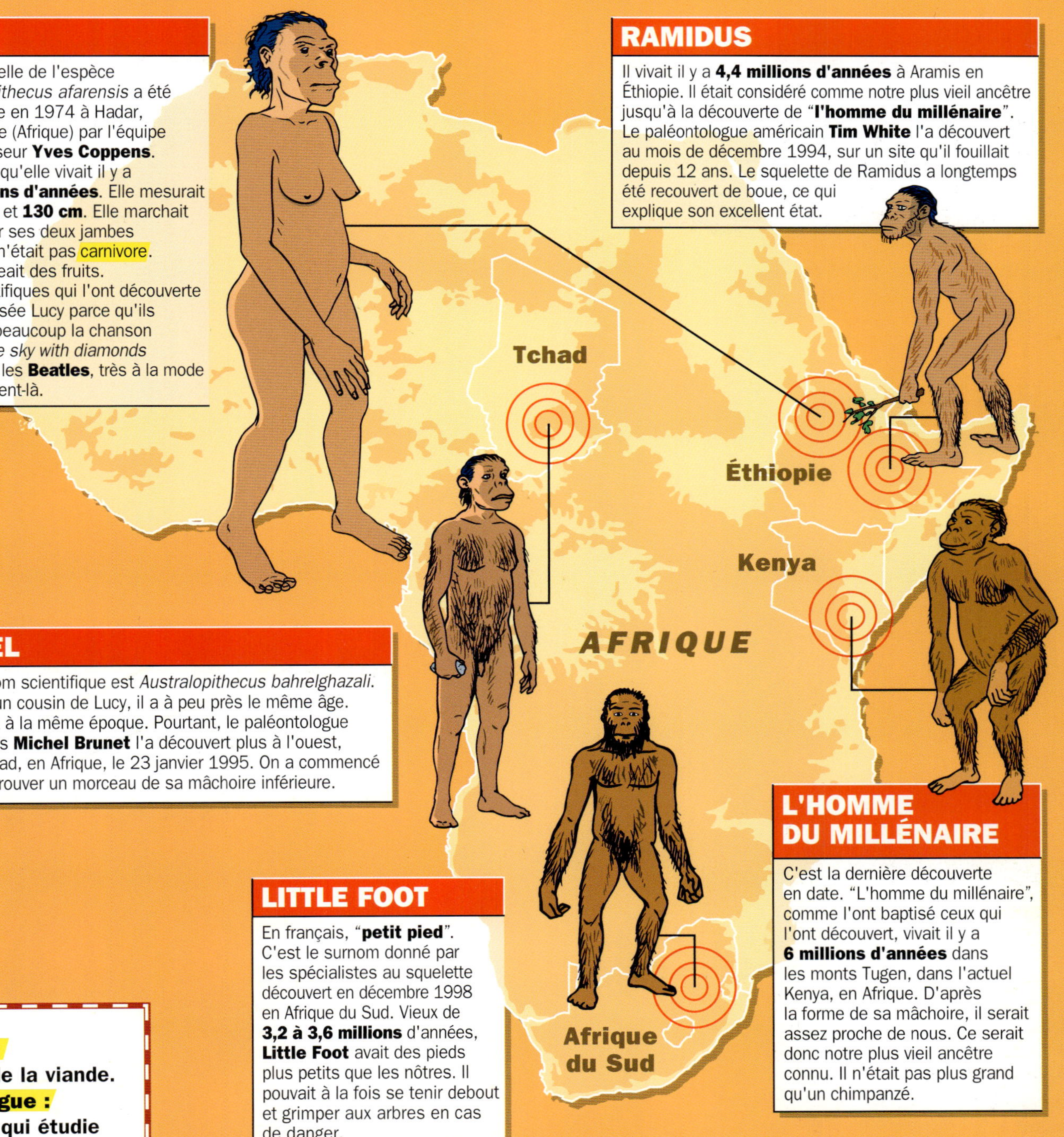

LUCY

Cette femelle de l'espèce *Australopithecus afarensis* a été découverte en 1974 à Hadar, en Éthiopie (Afrique) par l'équipe du professeur **Yves Coppens**. On pense qu'elle vivait il y a **3,5 millions d'années**. Elle mesurait entre **110** et **130 cm**. Elle marchait parfois sur ses deux jambes mais elle n'était pas carnivore. Elle mangeait des fruits. Les scientifiques qui l'ont découverte l'ont baptisée Lucy parce qu'ils aimaient beaucoup la chanson *Lucy in the sky with diamonds* du groupe les **Beatles**, très à la mode à ce moment-là.

RAMIDUS

Il vivait il y a **4,4 millions d'années** à Aramis en Éthiopie. Il était considéré comme notre plus vieil ancêtre jusqu'à la découverte de "**l'homme du millénaire**". Le paléontologue américain **Tim White** l'a découvert au mois de décembre 1994, sur un site qu'il fouillait depuis 12 ans. Le squelette de Ramidus a longtemps été recouvert de boue, ce qui explique son excellent état.

ABEL

Son nom scientifique est *Australopithecus bahrelghazali*. C'est un cousin de Lucy, il a à peu près le même âge. Il vivait à la même époque. Pourtant, le paléontologue français **Michel Brunet** l'a découvert plus à l'ouest, au Tchad, en Afrique, le 23 janvier 1995. On a commencé par retrouver un morceau de sa mâchoire inférieure.

LITTLE FOOT

En français, "**petit pied**". C'est le surnom donné par les spécialistes au squelette découvert en décembre 1998 en Afrique du Sud. Vieux de **3,2 à 3,6 millions** d'années, **Little Foot** avait des pieds plus petits que les nôtres. Il pouvait à la fois se tenir debout et grimper aux arbres en cas de danger.

L'HOMME DU MILLÉNAIRE

C'est la dernière découverte en date. "L'homme du millénaire", comme l'ont baptisé ceux qui l'ont découvert, vivait il y a **6 millions d'années** dans les monts Tugen, dans l'actuel Kenya, en Afrique. D'après la forme de sa mâchoire, il serait assez proche de nous. Ce serait donc notre plus vieil ancêtre connu. Il n'était pas plus grand qu'un chimpanzé.

Carnivore : qui mange de la viande.
Paléontologue : scientifique qui étudie les êtres vivants de la préhistoire.

ARTPRESSE

À retenir

1 **L'*Homo habilis* fut le premier homme véritable.**

2 **Il est apparu il y a un peu plus de 2 millions d'années en Afrique de l'Est, au Kenya, en Éthiopie et en Tanzanie actuels.**

3 **Les premiers *Homo habilis* vivaient en petits groupes qui se déplaçaient pour chercher leur nourriture.**

4 **Le terme *Homo habilis* signifie « l'homme habile ». Car il est capable de tailler des outils en pierre ou en os (mais pas en bois).**

5 **En apprenant à tailler des outils, il a pu chasser et donc manger de la viande.**

L'Homo habilis

Où et quand a-t-il vécu ?

L'*Homo habilis* est apparu il y a un peu plus de 2 millions d'années en Afrique. Son apparition coïncide avec une période d'assèchement de la savane qui devient plus clairsemée.
Les premiers *Homo habilis* vivaient en petits groupes qui se déplaçaient pour chercher leur nourriture.
Souvent, ils installaient des campements au bord d'un lac ou d'une rivière. Ils aménageaient parfois des abris très simples, sans doute en peaux de bêtes ou en branchages calés au sol par des pierres.

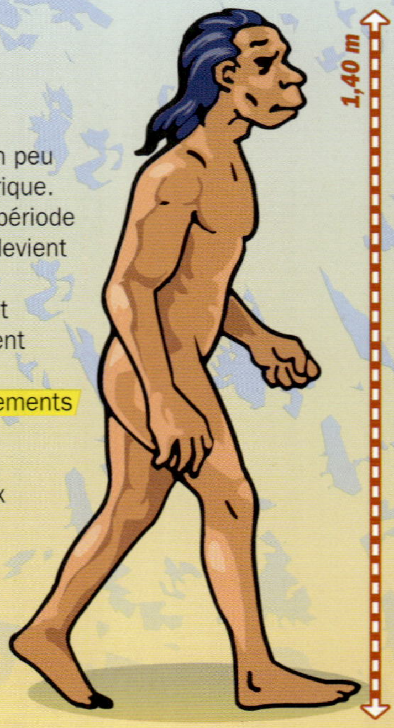

L'homme habile

Le terme *Homo habilis* signifie "l'homme habile". Car il est capable de tailler des outils en pierre ou en os, mais pas en bois, pour chasser et dépecer les animaux. Ces outils sont encore assez simples. Au début, l'*Homo habilis* utilisait des silex cassés. Peu à peu, il a appris à tailler des galets en les frappant les uns contre les autres.

Le premier homme véritable

L'*Homo habilis* fut le premier homme véritable.
En effet, son ancêtre, l'australopithèque, ressemblait encore trop à la famille des grands singes : chimpanzé, gorille.
L'*Homo habilis* est caractérisé par un visage plus plat que celui de l'australopithèque, un front plus relevé et un volume du cerveau plus grand. Il était donc plus intelligent que l'australopithèque.

Une chasse en groupe

À son apparition, l'*Homo habilis* ne vivait que de la cueillette de fruits, comme l'australopithèque. En apprenant à tailler des outils, il a pu se mettre à chasser et donc à manger de la viande. Il pratiquait la chasse en groupes. Une fois la proie tuée, les *Homo habilis* se partageaient la nourriture, ce qui montre qu'ils étaient déjà bien organisés et qu'ils savaient communiquer. On pense même qu'ils ont pu parler autrement que par des cris pour se transmettre leurs connaissances.

Dépecer : découper en morceaux.
Clairsemé : réparti d'une manière espacée.
Campement : camp.

À retenir

1 **L'*Homo erectus*, « l'homme debout », est apparu il y a 1,8 million d'années environ, après la disparition de l'*Homo habilis*.**

2 **C'est le premier ancêtre de l'homme dont on est sûr qu'il s'est répandu sur trois continents : l'Afrique, l'Asie et l'Europe.**

3 **L'*Homo erectus* vivait surtout dans des grottes pour se protéger du froid et de l'humidité.**

4 **C'était un habile chasseur qui observait les déplacements du gibier depuis la grotte où il habitait.**

5 **Il a inventé le biface, outil de pierre taillé sur les deux faces.**

L'Homo erectus

Où et quand a-t-il vécu ?

L'*Homo erectus*, "l'homme debout", a succédé à l'*Homo habilis* il y a 1,8 million d'années. Le plus ancien *Homo erectus* a été trouvé au Kenya, en Afrique de l'Est. C'est le premier ancêtre de l'homme dont on est sûr qu'il s'est répandu sur trois continents : l'Afrique, l'Asie et l'Europe. Il a dû vivre dans des milieux très variés : région équatoriale humide, steppe tempérée, région sèche, savane.

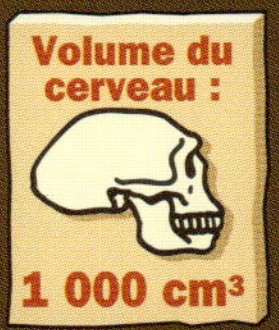

De nouveaux outils

L'*Homo erectus* était un habile chasseur. Selon les saisons, il pouvait abattre des animaux carnivores, comme le loup, l'ours ou le renard, ou herbivores, comme le lapin, le sanglier ou le cerf. Il chassait d'autant plus facilement qu'il ne se contentait plus de retailler les galets comme l'*Homo habilis*. Il savait prévoir la forme qu'il allait donner à ses outils. Il a notamment inventé le biface, un outil tranchant taillé dans des galets. Mais la découverte la plus importante de l'*Homo erectus* fut la maîtrise du feu. Elle a changé sa façon de vivre et ses relations avec les autres hommes.

Près des cours d'eau

Des tribus d'*Homo erectus* ont quitté le continent africain il y a 1,6 million d'années environ pour venir en Europe. Elles y sont arrivées par l'est, il y a 1 million d'années. L'*Homo erectus* vivait surtout dans des grottes. Celles-ci présentaient de grands avantages : il y avait de la place pour le groupe et le sol en pierre le protégeait de l'humidité. Ces grottes, situées près de fleuves et de lacs, dominaient la plaine et le cours d'eau. Les chasseurs pouvaient ainsi observer les déplacements du gibier.

Steppe : grande plaine au climat sec et à la végétation très pauvre.
Carnivore : qui ne se nourrit que de viande.
Herbivore : qui ne se nourrit que d'herbes ou de feuilles.

ART PRESSE

À retenir

1 La découverte la plus importante de l'*Homo erectus* fut la maîtrise du feu, il y a 500 000 ans.

2 Au début, il obtenait du feu en se procurant des débris enflammés pendant les feux de forêts, causés par la foudre.

3 Puis l'*Homo erectus* a appris à faire du feu en frottant deux morceaux de bois très secs l'un contre l'autre.

4 Plus tard encore, il a observé qu'en taillant du silex des étincelles se produisaient.

5 La maîtrise du feu lui a permis de se protéger contre les prédateurs et de chasser les animaux.

La découverte du feu

Les plus anciens foyers

L'*Homo erectus* a connu le feu avant de le produire et de l'entretenir. Car les feux d'herbes sèches ou de forêts causés par la foudre ont sûrement toujours existé. Les traces les plus anciennes de foyers dateraient d'il y a 750 000 ans. Mais la maîtrise du feu ne remonte qu'à 500 000 ans.

Comment faire du feu ?

Au début, l'*Homo erectus* se procurait des brandons pendant les feux de forêts. Il entretenait le feu en permanence dans les campements et l'emportait lorsque la tribu se déplaçait. Puis il a appris à faire du feu en frottant deux morceaux de bois très secs l'un contre l'autre. Plus tard encore, il a observé qu'en taillant du silex des étincelles se produisaient. Mais il s'agissait d'étincelles froides. Pour qu'elles soient chaudes et qu'elles enflamment des herbes sèches, il fallait que le contact se fasse entre un silex et une pierre contenant du fer, comme la pyrite.

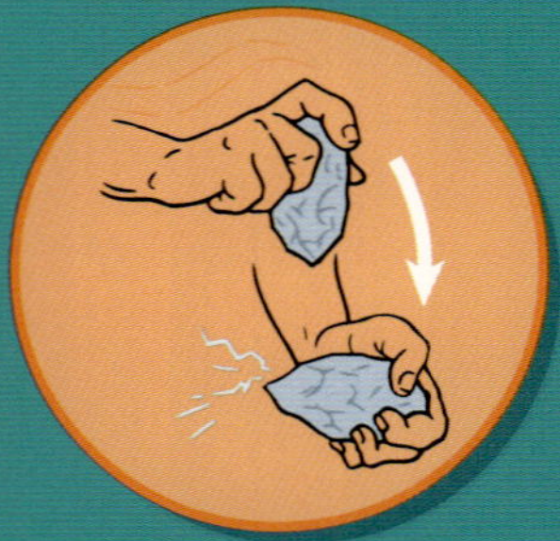

Silex contre silex

Silex contre pyrite

Volume de la boîte crânienne : de 900 à 1 100 cm^3

Une révolution pour l'homme

La maîtrise du feu a eu une importance considérable dans l'histoire de l'humanité. Cela a permis à l'*Homo erectus* de se protéger contre les prédateurs. Le feu était aussi une arme redoutable pour chasser ou piéger les animaux. De plus, le fait de disposer à volonté du feu a allongé la durée de leurs activités car ils pouvaient travailler après le coucher du soleil. Enfin, les *Homo erectus* ont pu se rassembler le soir autour du feu pour échanger leurs expériences, raconter leurs histoires de chasse...

ART PRESSE

Foyer : endroit où brûle le feu.
Brandon : débris enflammé.
Révolution : changement profond.

À retenir

1 **Le Paléolithique est une longue période de la préhistoire. Elle dure plus de 600 000 ans.**

2 **« Paléolithique » signifie l'âge de pierre ancienne. Durant cette période, l'ancêtre de l'homme maîtrise la taille de la pierre et fabrique les premiers outils.**

3 **Au début du Paléolithique, les outils sont de simples galets grossièrement taillés.**

4 **À la fin du Paléolithique, les outils sont beaucoup plus compliqués et sont parfois de véritables œuvres d'art.**

Quelques outils de l'âge de la pierre

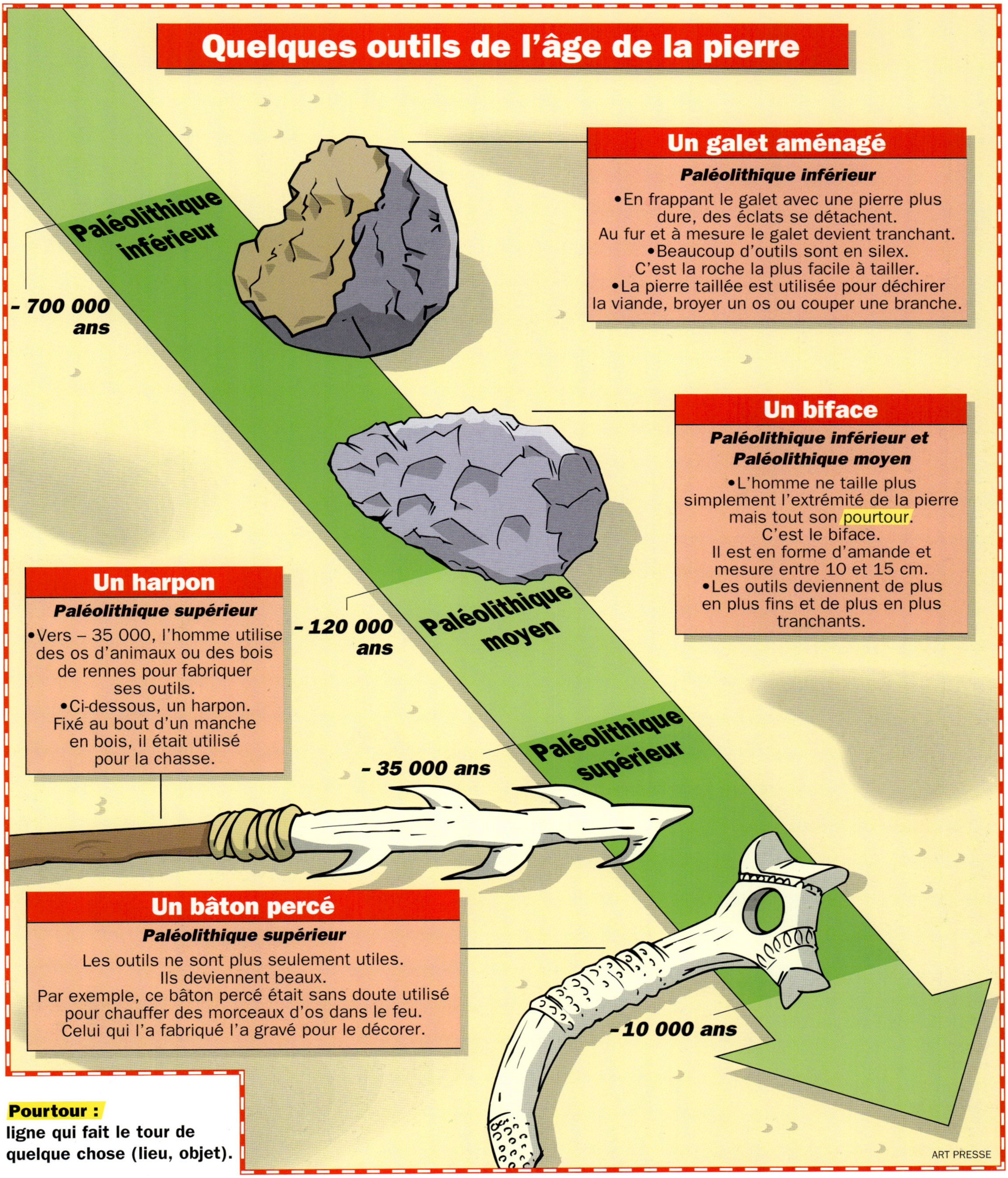

Un galet aménagé

Paléolithique inférieur

•En frappant le galet avec une pierre plus dure, des éclats se détachent.
Au fur et à mesure le galet devient tranchant.
•Beaucoup d'outils sont en silex.
C'est la roche la plus facile à tailler.
•La pierre taillée est utilisée pour déchirer la viande, broyer un os ou couper une branche.

Un biface

Paléolithique inférieur et Paléolithique moyen

•L'homme ne taille plus simplement l'extrémité de la pierre mais tout son pourtour.
C'est le biface.
Il est en forme d'amande et mesure entre 10 et 15 cm.
•Les outils deviennent de plus en plus fins et de plus en plus tranchants.

Un harpon

Paléolithique supérieur

•Vers – 35 000, l'homme utilise des os d'animaux ou des bois de rennes pour fabriquer ses outils.
•Ci-dessous, un harpon.
Fixé au bout d'un manche en bois, il était utilisé pour la chasse.

Un bâton percé

Paléolithique supérieur

Les outils ne sont plus seulement utiles.
Ils deviennent beaux.
Par exemple, ce bâton percé était sans doute utilisé pour chauffer des morceaux d'os dans le feu.
Celui qui l'a fabriqué l'a gravé pour le décorer.

ART PRESSE

Pourtour :
ligne qui fait le tour de quelque chose (lieu, objet).

À retenir

1. En fonction de leur évolution, les hommes préhistoriques se sont nourris différemment.
2. L'australopithèque et l'*Homo habilis* à ses débuts, étaient végétariens. Ils mangeaient surtout des fruits et des végétaux.
3. Puis l'*Homo habilis* a su tailler des galets. Il s'en servait pour chasser du gibier qu'il mangeait.
4. Il y a 500 000 ans, l'*Homo erectus* a su faire du feu et l'entretenir. Il pouvait donc faire cuire la viande.

Comment se nourrissaient les hommes préhistoriques ?

Il y a 4 millions d'années

L'australopithèque, une espèce entre le singe et l'homme, mangeait les fruits et les végétaux qu'il trouvait dans les arbres. Il se nourrissait aussi de racines et de rhizomes.

Il y a 2,5 millions d'années

Au début, l'*Homo habilis*, "l'homme habile", était végétarien comme l'australopithèque, son ancêtre. Il se nourrissait de la cueillette de fruits. Puis il est devenu le premier homme à manger de la viande. Car il était capable de tailler des outils assez simples (galets) pour chasser des animaux. Ses canines étaient d'ailleurs plus grandes qu'avant et ses autres dents étaient plus longues et plus étroites pour arracher la chair crue et la broyer.

Il y a 1,5 million d'années

L'*Homo erectus*, "l'homme debout", était un habile chasseur. Selon les saisons, il pouvait abattre des animaux carnivores, comme le loup, l'ours ou le renard, ou herbivores, comme le lapin, le sanglier ou le cerf. Il chassait d'autant plus facilement qu'il ne se contentait plus d'utiliser comme armes des galets retaillés comme le faisait l'*Homo habilis*. Il savait prévoir la forme qu'il allait donner à son outil.

Il y a 500 000 ans

L'*Homo erectus* a appris à faire du feu et à l'entretenir. Il pouvait désormais faire cuire la viande du gros gibier (rhinocéros, renne) qu'il chassait en groupes organisés.

Il y a 150 000 ans

L'homme de Neandertal, qui vivait en tribus, pratiquait la chasse organisée. Il savait tailler des outils de pierre perfectionnés, comme des lames ou des pointes. Il capturait des oiseaux et pêchait des poissons. En plus de la viande, il se nourrissait de champignons, de racines et de feuilles.

Il y a 40 000 ans

L'*Homo sapiens sapiens* ou homme moderne fabriquait des outils très précis, comme des lances pour la chasse. Celles-ci ont remplacé les haches de pierre qui l'obligeaient à s'approcher très près du gibier : mammouths, bisons, sangliers... Ensuite, il a inventé le javelot, qu'il pouvait lancer plus loin et plus fort, puis l'arc. Il a aussi sculpté des harpons en os, vers 12 000 avant J.-C., pour pêcher des saumons, des brochets...

Il y a 10 000 ans

L'homme moderne a appris à sécher la viande et le poisson pour les conserver. Il a commencé à apprivoiser des animaux (porcs, chevaux) et il est devenu agriculteur. Il récoltait des graines de céréales qu'il écrasait pour fabriquer des bouillies.

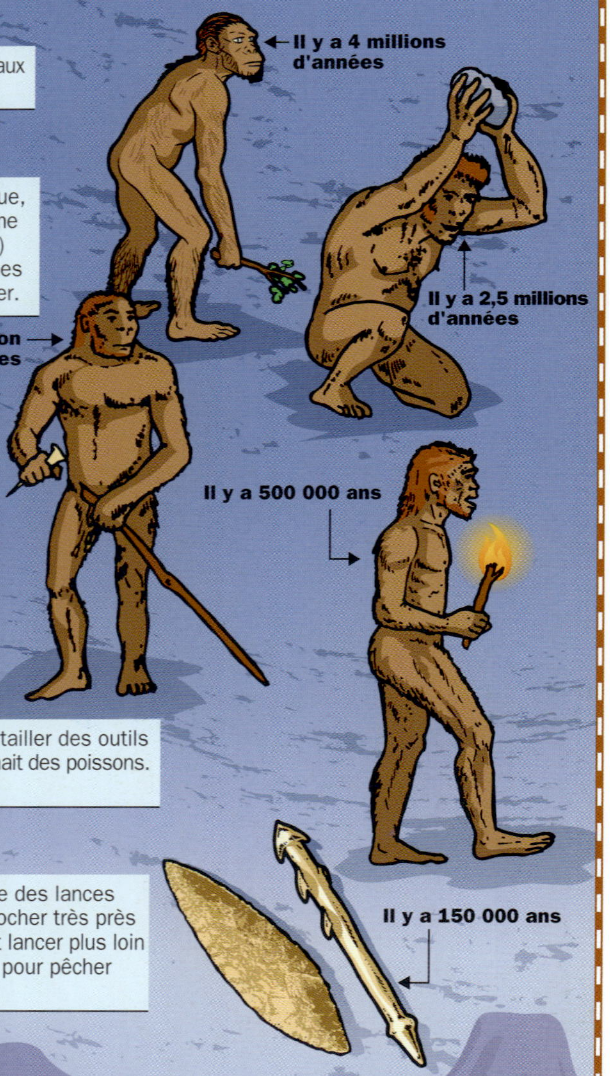

Végétarien : qui ne mange pas de viande.
Rhizome : tige souterraine de certaines plantes.
Canine : dent pointue.
Herbivore : qui ne se nourrit que d'herbes ou de feuilles.

Le Quiz ! DES INCOLLABLES

Es-tu prêt pour un petit test malin ?
De quoi te faire devenir incollable sur le sujet, et piéger tes amis et tes parents.

Le Qu

DES INCO

À toi de

1 Qui est notre ancêtre direct ?
- *l'australopithèque*
- l'Homo habilis
- l'Homo sapiens sapiens

2 Quelle période va de l'apparition de l'homme jusqu'à l'invention de l'écriture ?

3 En 5 lettres, outil plat et rond pour moudre le grain inventé par les hommes du Néolithique.

4 Comment appelle-t-on celui qui étudie un site où des fouilles ont déjà été réalisées ?
- *un paléontholoqu*
- *un historien*
- *un archéologue*

5 Quel gros animal, ressemblant à un éléphant, l'homme de Neandertal chassait-il ?

6 Quelles sont les 3 grandes périodes de la préhistoire ?

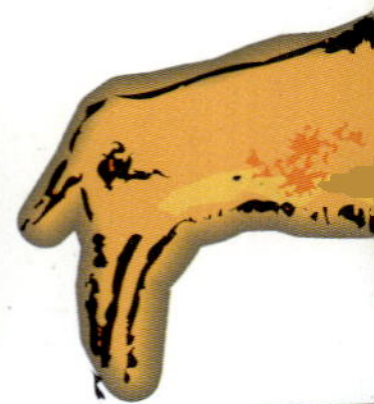

7 Quel est le premier homme à s'être déplacé complètement debout ?
- *l'homme de Neandertal*
- l'Homo erectus
- *l'homme de Cro-Magnon*

8 Quel nom désigne les monuments préhistoriques ?
- *les mégascopes*
- *les mégalithes*
- *les maxilithes*

9 Remets dans l'ordre chronologique : homme de Neandertal, *Homo habilis*, *Homo erectus*.

10 Quelle est la plus longue période de l'âge de pierre?
- *le Néolithique*
- *le Paléolithique*
- *le Mésolithique*

11 Vrai ou faux ? L'*Homo habilis* était capable de tailler des outils en pierre ou en os.

12 Quel rite l'homme de Neandertal fut-il le premier à faire avec ses morts ?

13 Quelle taille l'australopithèque atteignait-il environ ?
- *1 m 20*
- *1 m 40*
- *1 m 60*

14 L'*Homo sapiens sapiens* vieux de 40 000 ans est-il l'homme de Neandertal ou l'homme de Cro-Magnon ?

15 Dans quel site de Bretagne trouve-t-on de nombreux dolmens et menhirs datant du Paléolithique ?

16 Sur quel continent l'homme est-il né ?

- *l'Asie*
- *l'Amérique*
- *l'Afrique*

17 Quelle grande découverte, qui a changé sa façon de vivre, l'*Homo erectus* a-t-il faite ?

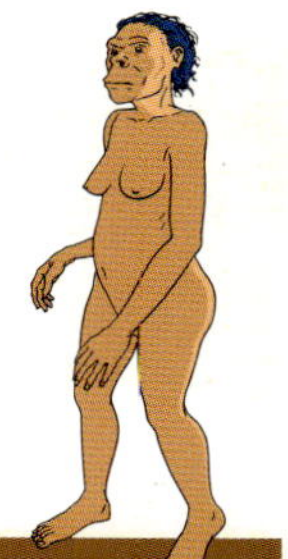

18 Quelle arme longue et fine, utilisée aujourd'hui pour faire du sport, l'*Homo sapiens sapiens* a-t-il inventé ?

19 De combien de centimètres l'*Homo habilis* a-t-il grandi par rapport à l'australopithèque ?

- *10*
- *20*
- *40*

20 Vrai ou faux ? L'homme de Neandertal a vécu avant l'*Homo sapiens sapiens.*

21 Dans quelle grotte française peut-on voir plus de 600 peintures réalisées par l'*Homo sapiens sapiens* ?

iz !

LLABLES

jouer !

22 Quel homme préhistorique a été le premier à s'installer en Europe et en Asie ?

- *l'*Homo habilis
- *l'*Homo erectus
- *l'homme de Neandertal*

23 Vrai ou faux ? Les plus anciennes peintures humaines du monde découvertes à ce jour se trouvent en France.

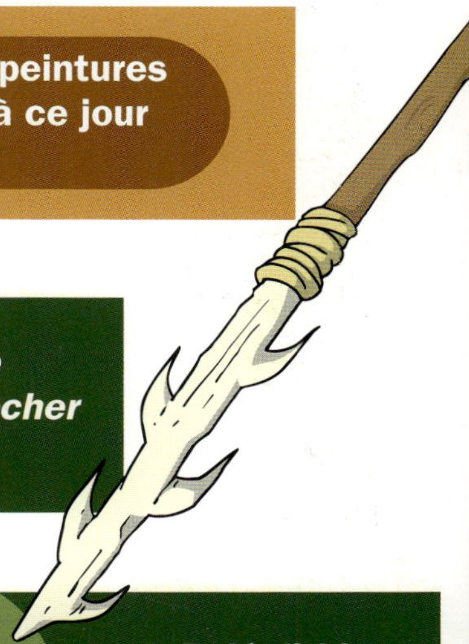

24 Que signifie le mot « rupestre » ?

- *de la préhistoire*
- *réalisé sur un rocher*
- *très ancien*

25 Quel monument préhistorique est en forme de table haute : le dolmen ou le menhir ?

26 À quelle période la vie quotidienne des hommes a-t-elle beaucoup changé ?

- *au Paléolithique*
- *au Mésolithique*
- *au Néolithique*

27 Quel nom portent les dessins représentant les premières formes d'écriture ?

28 À quelle espèce d'homme l'homme de Neandertal appartenait-il ?

- *l'*Homo erectus
- *l'*Homo sapiens
- *l'*Homo sapiens sapiens

29 Dans quels abris l'*Homo erectus* vivait-il surtout ?

30 Pour quelle raison l'homme a-t-il commencé à élever des animaux et à cultiver la terre ?

- *il n'y avait plus de gibier*
- *il n'avait plus envie de chasser*
- *il a inventé la charrue*

Le Quiz ! des Incollables

Réponses

1	L'*Homo sapiens sapiens*.
2	La préhistoire.
3	Meule.
4	Un archéologue.
5	Le mammouth.
6	L'âge de la pierre, l'âge du bronze et l'âge du fer.
7	L'*Homo erectus*.
8	Les mégalithes.
9	*Homo habilis*, *Homo erectus*, homme de Neandertal.
10	Le Paléolithique (600 000 ans).
11	Vrai.
12	Il fut le premier à les enterrer.
13	1 m 20.
14	L'Homme de Cro-Magnon.
15	Carnac.
16	L'Afrique.
17	Il a découvert le feu.
18	Le javelot.
19	20 cm.
20	Faux, ils ont vécu à la même époque.
21	La grotte de Lascaux.
22	L'*Homo erectus*.
23	Vrai (dans la grotte de Chauvet).
24	Réalisé sur un rocher.
25	Le dolmen.
26	Au Néolithique.
27	Des pictogrammes.
28	L'*Homo sapiens*.
29	Des grottes.
30	Il n'y avait plus de gibier.

Alors, quel est ton score ?

De 0 à 10 bonnes réponses :
Tu peux certainement mieux faire…

De 11 à 20 bonnes réponses :
C'est un bon début, mais tu peux encore progresser…

De 21 à 30 bonnes réponses :
C'est bien, surtout si tu as les 30 bonnes réponses…

À retenir

1 **L'homme de Neandertal est apparu il y a plus de 200 000 ans en Europe et au Proche-Orient. Il a disparu brutalement il y a 30 000 ans.**

2 **Il fait partie de l'espèce *Homo sapiens*, qui a succédé à l'espèce *Homo erectus*.**

3 **Ce fut le premier homme à enterrer ses morts. Il a aussi fabriqué des outils perfectionnés pour travailler le bois et les peaux.**

4 **Il a construit des huttes et installé des campements en plein air. En période de grand froid, il se réfugiait dans des grottes ou des abris-sous-roche en hauteur.**

L'homme de Neandertal

Un "cousin" de l'Homo sapiens sapiens

Il est apparu il y a plus de 200 000 ans et a disparu brutalement il y a 30 000 ans, sans évoluer jusqu'à aujourd'hui, comme son cousin l'*Homo sapiens sapiens*. Il a vécu en Europe et au Proche-Orient. Son nom vient de la vallée de Neandertal, en Allemagne, où le premier squelette fut découvert. On le décrit souvent comme petit, très musclé et très laid, à cause de son crâne aplati et de ses arcades sourcilières très épaisses.

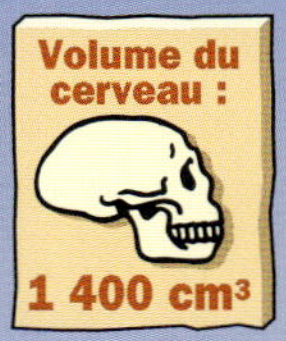

Un habitat protégé et "confortable"

Selon l'endroit où il vivait, l'homme de Neandertal s'est adapté à des milieux et à des climats différents. Il a construit des huttes, a installé des campements en plein air, près des cours d'eau... En période de grand froid, il se réfugiait dans des grottes ou des abris-sous-roche en hauteur, bien exposés au soleil.

L'homme de Neandertal a aussi recherché un certain confort en installant, sur les parois des grottes, des peaux de bêtes ou des protections en bois pour avoir plus chaud en hiver.

Le premier homme à enterrer ses morts

L'homme de Neandertal se nourrissait grâce à la cueillette et à la chasse. Il connaissait le feu et savait faire cuire ses aliments. Il s'agissait surtout de viande de mammouths et de rhinocéros laineux. Car, à l'époque où vivaient ces hommes, le climat est devenu très froid, et seuls ces animaux ont survécu.
L'homme de Neandertal a aussi fabriqué des outils pour travailler le bois et les peaux. Il pouvait se faire des vêtements avec de la fourrure. Ce fut le premier homme à enterrer ses morts.

ART PRESSE

Hutte : cabane faite avec des branches, de la terre séchée ou de la paille.
Arcade sourcilière : partie du visage en forme d'arc, au-dessus de l'œil, où se trouve le sourcil.

Pourquoi a-t-il disparu ?

Les hommes de Neandertal n'ont pas disparu il y a 30 000 ans à cause d'une catastrophe ou d'un massacre. On pense plutôt qu'ils avaient des outils moins performants que leurs cousins *Homo sapiens sapiens*. Ceux-ci ont vécu à la même époque qu'eux et ils ont peut-être apporté des maladies qui auraient tué les hommes de Neandertal.

À retenir

1 **L'*Homo sapiens sapiens* ou homme moderne est notre ancêtre direct.**

2 **Il a commencé son évolution il y a 100 000 ans environ en Afrique. Il est arrivé en Europe il y a 40 000 ans. On l'appelle homme de Cro-Magnon.**

3 **Comme l'homme de Neandertal, c'est un descendant de l'*Homo sapiens*, « l'homme qui sait ».**

4 **Il est le premier à avoir fabriqué des armes performantes en taillant de longs éclats de silex.**

5 **C'est aussi le premier artiste de l'histoire de l'humanité. Il peignait sur les murs des cavernes.**

L'*Homo sapiens sapiens* ou homme moderne

L'ancêtre direct de l'homme

L'**homme moderne** est notre ancêtre direct. C'est un descendant de l'***Homo sapiens***, "**l'homme qui sait**", apparu il y a **200 000 ans** environ. L'**homme moderne** est aussi appelé ***Homo sapiens sapiens*** par les scientifiques. Ce nom latin signifie "**l'homme qui sait deux fois**", car il a fait de nombreuses inventions. Il a vécu à la même époque que l'**homme de Neandertal**.

Un chasseur et un pêcheur très adroit

L'homme moderne est le premier à avoir inventé des armes performantes. Il se servait de longs éclats de silex pour les tailler. Il a ainsi appris à fabriquer des lances ou sagaies pour la chasse il y a **20 000 ans** environ. Celles-ci ont remplacé les haches de pierre qui obligeaient l'homme à s'approcher très près du gibier : mammouths, bisons, sangliers… Puis il a inventé le javelot qu'il pouvait lancer plus loin et plus fort, et l'arc. Pour pêcher efficacement dans les lacs et les rivières, il a sculpté des harpons en os vers **12 000 avant J.-C.**

Silex

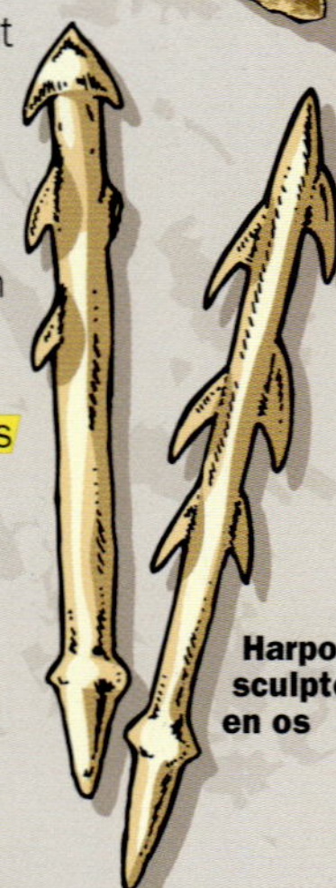

Harpons sculptés en os

Où vivait-il ?

L'***Homo sapiens sapiens*** est apparu en Afrique et au Proche-Orient, il y a **100 000 ans**. Il est arrivé en Europe il y a **40 000 ans**. On l'appelle **homme de Cro-Magnon**. L'**homme moderne** a vécu sur presque tous les continents. Il y a **10 000 ans**, il a commencé à bâtir des villages, est devenu agriculteur, a apprivoisé les animaux (chevaux, porcs…) et a fabriqué des poteries.

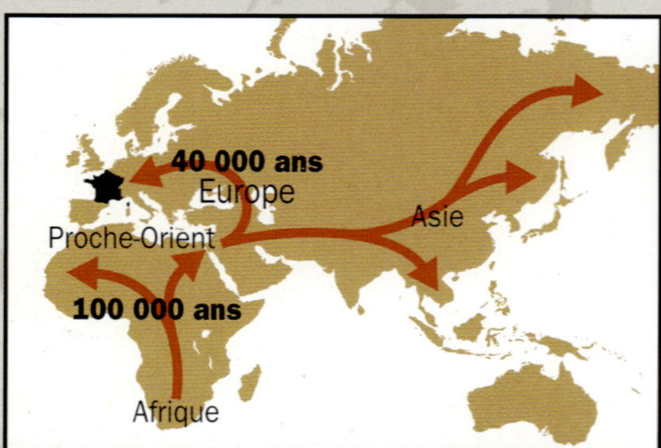

ART PRESSE

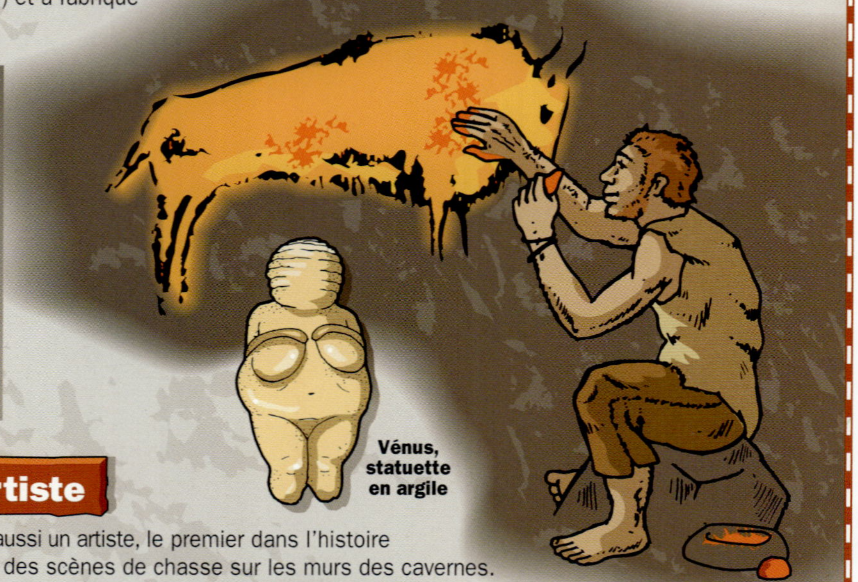

Vénus, statuette en argile

Le premier artiste

L'**homme moderne** est aussi un artiste, le premier dans l'histoire de l'humanité. Il peignait des scènes de chasse sur les murs des cavernes. La **grotte de Lascaux**, en Dordogne, peinte il y a **17 000 ans** environ, renferme ainsi près de 600 peintures. On a aussi découvert de petites statues de femmes aux formes rondes et des restes de colliers, ce qui prouve qu'il savait sculpter et graver.

Silex : roche très dure.
Harpon : instrument qui sert à accrocher et à tirer les gros poissons.

À retenir

1. Parmi les grands sites préhistoriques français, la grotte de Lascaux (Dordogne) est la plus connue.
2. Les peintures de la grotte Chauvet (Ardèche) sont les plus anciennes. Elles datent d'environ 30 000 ans.
3. Il y a deux grands sites en France où l'on peut admirer des menhirs : l'un est en Bretagne (Carnac), l'autre est en Corse.
4. Le site d'Aurignac (Haute-Garonne) et celui de Terra-Amata nous renseignent sur la vie quotidienne des premiers hommes.

Les grands sites préhistoriques français

Carnac

Sur le site de Carnac, on trouve des alignements de menhirs et de dolmens représentant des monuments funéraires de l'époque. Ce lieu date du Paléolithique ancien. Durant cette période, les hommes préhistoriques ont commencé à enterrer leurs morts.

La grotte d'Arcy-sur-Cure

Les premières peintures préhistoriques (mammouths, chevaux, cervidés...) y ont été découvertes en 1990. Des hommes les ont peintes il y a 28 000 ans.

La grotte Cosquer

C'est une grotte sous-marine, près de Marseille, unique au monde. Elle a été découverte en 1991. Elle abrite plusieurs dizaines d'œuvres peintes et gravées il y a environ 27 000 ans (dont 142 espèces d'animaux, des pingouins, des phoques...). On y accède par un tunnel long de 175 mètres, dont l'entrée est à 37 mètres sous l'eau.

Terra-Amata

Ce lieu préhistorique, près de Nice, date de 400 000 ans. À cet endroit, des chasseurs avaient construit des cabanes avec un support en os et un toit en peau. Le tout était maintenu au sol par des pierres.

La grotte de Lascaux

C'est la grotte la plus célèbre de France. Des peintures rupestres (des cerfs, etc.) y ont été découvertes en 1940. Elles datent d'il y a 17 000 ans. La grotte a été fermée au public en 1963, car les peintures s'abîmaient. Une fausse grotte, exacte réplique de la vraie, a été construite pour les visiteurs.

Aurignac

Ce site date du Paléolithique. Il était habité par des chasseurs qui nous ont laissé différents outils (racloirs, grattoirs, burins...) utilisés pour la chasse.

La grotte Chauvet

Cette grotte, découverte en 1994, contient les plus anciennes peintures humaines du monde, surtout des animaux dangereux (mammouths, rhinocéros, lions et panthères...). Ces œuvres datent d'il y a plus de 30 000 ans.

Filitosa

Ce site date de la fin du Néolithique et des débuts de l'âge du bronze. Il abrite de nombreuses statues-menhirs. Selon les périodes, ces statues sont différentes. Certaines n'ont pas de tête. Ce n'est qu'à partir de 1500 avant J.-C. qu'apparaissent des statues à visage humain.

ART PRESSE

Rupestre : qui a été réalisé sur des rochers.

À retenir

❶ L'*Homo erectus* a quitté le continent africain il y a 1,7 million d'années pour venir en Europe.

❷ Il est arrivé en Europe par l'est. C'est pourquoi la trace la plus ancienne prouvant l'existence de l'*Homo erectus* en Europe se trouve en Géorgie.

❸ Le Néandertalien, descendant de l'*Homo erectus*, serait apparu il y a plus de 200 000 ans.

❹ On trouve en Europe les premières traces de l'homme de Cro-Magnon, le « cousin » de l'homme de Neandertal aux alentours de 35 000 ans.

Les hommes préhistoriques en Europe

Les premiers ancêtres de l'homme en Europe furent les* Homo erectus*, il y a environ 1,8 million d'années. Les Néandertaliens leur ont succédé il y a 200 000 ans. Puis les hommes de Cro-Magnon sont apparus il y a 35 000 ans.

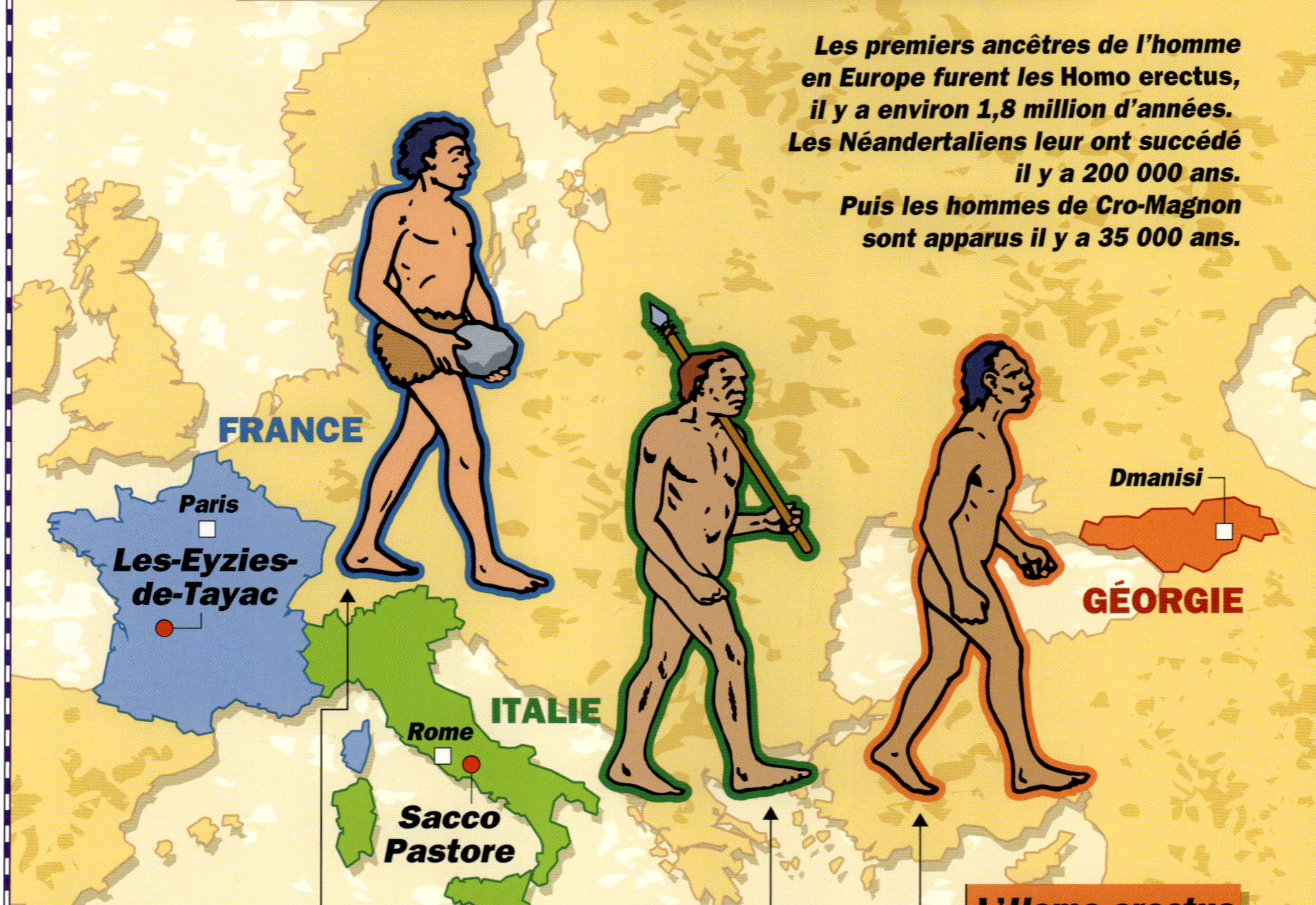

L'homme de Cro-Magnon

Nom du site le plus ancien prouvant son existence : ***Les-Eyzies-de-Tayac***, en Dordogne.

Âge de l'homme de Cro-Magnon trouvé : 30 000 ans.

Cousin des Néandertaliens, l'homme de Cro-Magnon apparaît il y a 35 000 ans environ. Nous sommes ses descendants directs.

L'homme de Neandertal

Nom du site le plus ancien prouvant son existence : ***Sacco Pastore***, près de Rome, en Italie.

Âge de l'homme de Neandertal trouvé : 100 000 ans.

Les Néandertaliens sont les descendants des *Homo erectus* européens. Ils ont vécu en même temps que les hommes de Cro-Magnon bien qu'ils ne fassent pas partie de la même famille. Les Néandertaliens ont disparu entre 35 000 et 25 000 ans avant J.-C.

L'*Homo erectus*

Nom du site le plus ancien prouvant son existence : ***Dmanisi***, en Géorgie (pays situé à la limite de l'Europe et de l'Asie).

Âge de l'*Homo erectus* trouvé : 1,8 million d'années.

À retenir

1 Jusqu'à environ 8 000 ans avant J.-C., les hommes chassaient ou cueillaient des fruits pour se nourrir.

2 Quand le gibier a manqué, ils ont dû apprendre à élever des animaux et à cultiver la terre.

3 Pour cela, ils ont inventé de nouveaux outils, comme la charrue ou la faucille à lame de silex. Ils ont alors arrêté de se déplacer et sont devenus sédentaires.

4 Cette période s'appelle le Néolithique. Elle dure jusqu'à 4 000 ans avant J.-C.

Les hommes au temps du Néolithique

Vers 8 000 avant J.-C., le climat de la Terre s'est réchauffé. Le gibier est devenu rare. Au lieu de chasser ou de pratiquer la cueillette, les hommes ont dû produire leur nourriture. Ce fut le début de l'élevage et de l'agriculture. Jusqu'à 4 000 avant J.-C., on a donné le nom de Néolithique à cette période préhistorique.

Les premiers villages

Ayant appris l'agriculture, les hommes du Néolithique ont arrêté de se déplacer et sont restés au même endroit. Ils sont devenus sédentaires. Ils ont donc construit des maisons en bois, en brique ou en boue séchée. Les toits étaient recouverts de chaume. Ces maisons pouvaient être rondes, rectangulaires et avoir un étage. Dans ces premiers villages, les hommes étaient donc tous des agriculteurs. Ils fabriquaient ce dont ils avaient besoin pour vivre.

Des techniques nouvelles

Les hommes se sont mis à fabriquer des poteries pour stocker les réserves de céréales comme l'orge ou le blé. Mais aussi pour cuire les aliments. Ils ne portaient plus de peaux de bêtes, car ils ont aussi appris à tisser des vêtements. Ils utilisaient la laine des moutons ou des plantes comme le lin et le chanvre.

De nouveaux outils

Pour cultiver, les hommes du Néolithique ont créé de nouveaux outils : la houe pour retourner la terre, la faucille à lame de silex pour faucher le blé, la meule pour moudre le grain. Ces outils sont le plus souvent en pierre polie. À partir de 7 000 avant J.-C., ils sont parfois en métal. C'est aussi à cette époque que les premières charrues ont été fabriquées.

ART PRESSE

Sédentaire : qui s'installe dans un lieu au contraire d'un nomade.
Chaume : paille qui recouvre certains toits.
Houe : sorte de pioche à lame très large.
Moudre : écraser.

À retenir

1 Les mégalithes sont des monuments préhistoriques formés d'un ou de plusieurs blocs de pierre.

2 Les plus anciens ont été dressés il y a plus de 7 000 ans, à l'époque du Néolithique (âge de la pierre polie). Ils se trouvent surtout en Europe du Nord.

3 On distingue deux grandes sortes de mégalithes : les menhirs et les dolmens.

4 Les menhirs sont d'énormes et longs blocs de pierre dressés vers le ciel.

5 Les dolmens, composés de pierres brutes, sont agencés en forme de table.

Les mégalithes en Europe

Jusqu'au IIIe millénaire avant J.-C., les mégalithes ont surtout été construits sur les rives de la mer Baltique, des îles Britanniques, de la Bretagne et de la Normandie. On distingue deux grandes sortes de mégalithes : les menhirs et les dolmens.

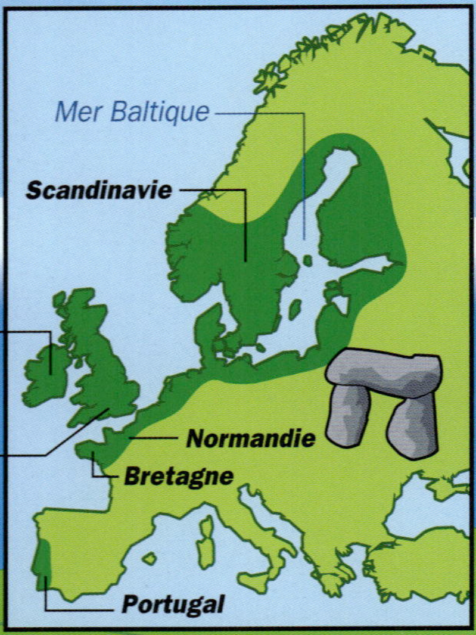

Les menhirs

Ce sont d'énormes et longs **blocs de pierre** dressés vers le ciel. Selon les spécialistes, les menhirs servaient de **lieu de culte** pour les hommes qui les élevaient, le plus souvent en hommage au **dieu Soleil**. Ils peuvent dépasser **20 mètres** de haut, comme le menhir de **Locmariaquer** (Morbihan). D'autres menhirs sont disposés en ligne, comme à **Carnac** (Morbihan). Dans ce cas, on parle d'**alignements**. Sur d'autres sites mégalithiques, les menhirs sont disposés en un ou plusieurs cercles. Ce type de monument s'appelle un **cromlech**. Le plus célèbre est le cromlech de **Stonehenge**, en Angleterre.

Alignement de Carnac

Cromlech de Stonehenge

Dolmen

Les dolmens

Composés de **pierres brutes**, les dolmens sont agencés en forme de **table**. Un ou plusieurs blocs de pierre horizontaux reposent sur des blocs verticaux. Les dolmens devaient servir de chambres funéraires collectives. Certains dolmens étaient parfois recouverts par un amas de terre et de pierres et formaient un **tumulus**. Les sites où se trouvent encore les dolmens les plus connus sont ceux de **Newgrange** (Irlande), de l'île de **Gavrinis** (Morbihan) et de **Stonehenge**.

Tumulus

Culte : hommage rendu à un dieu.
Agencé : disposé selon un ordre précis.
Funéraire : qui concerne les enterrements.

À retenir

1 L'apparition de l'écriture marque la fin de la préhistoire.

2 L'écriture serait née au Moyen-Orient (en Mésopotamie) aux environs de 3 000 avant J.-C.

3 Les premières formes d'écriture sont des ensembles de dessins, les pictogrammes.

4 Les hiéroglyphes des Égyptiens sont des pictogrammes. Ils représentent un mot ou un son.

5 Dans les alphabets, une lettre représente un son et l'on combine plusieurs lettres pour former un mot.

Les premiers systèmes d'écriture

AMÉRIQUE CENTRALE

Dès **2 000 avant J.-C.**, les Olmèques ont créé une écriture à base de pictogrammes. Ensuite, les Mayas ont mis au point deux systèmes d'écriture. L'un gravé dans la pierre, l'autre dessiné sur de l'écorce ou de la peau tannée.

CHINE *(vers 1 400 avant J.-C.)*

L'apparence des caractères chinois a changé au cours des temps. Mais le pictogramme du début est toujours reconnaissable.

ancien	moderne	
[pictogramme]	子	= **enfant**
[pictogramme]	木	= **arbre**

ÉGYPTE *(vers 3 000 avant J.-C.)*

Les hiéroglyphes représentent à la fois un mot entier et un son de la langue.

= **bouche**
= son [S]
= **jambe**
= son [B]

MOYEN-ORIENT *(vers 3 300 avant J.-C.)*

Dans l'écriture cunéiforme, les pictogrammes sont peu à peu simplifiés pour devenir des groupes de signes en forme de clous.

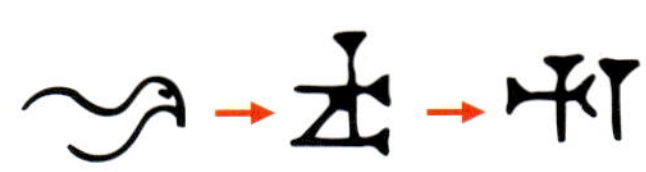

oiseau → **oiseau** → **oiseau**

Caractère : signe utilisé pour écrire.
Cunéiforme : en forme de clous.

ART PRESSE

À retenir

1 Les fossiles sont constitués de parties dures (os, dents, coquilles) ou d'empreintes d'animaux.

2 Les chercheurs qui les étudient sont des paléontologues.

3 Leur travail est très minutieux. Ils utilisent des outils spéciaux pour nettoyer les fossiles sans les abîmer.

4 Quand les paléontologues ont terminé leur travail, ce sont les archéologues qui étudient le site où des fouilles ont été effectuées.

Comment se déroulent les fouilles de fossiles ?

Les couches géologiques

Le vent et l'eau déposent des sédiments sur le sol. Ils recouvrent les restes de végétaux et d'animaux morts. Au fil du temps, ces dépôts forment des couches qui s'empilent les unes sur les autres. Les plus anciennes se trouvent dessous. Les différents niveaux qui correspondent à diverses périodes de l'histoire s'appellent des couches géologiques. Les chercheurs peuvent dater ces différentes couches.

1 Les fouilles

Après avoir fait des recherches sur des documents, les paléontologues décident de fouiller un lieu où pourraient se trouver des fossiles. Il faut souvent des heures pour trouver un fossile. Les paléontologues déblayent d'abord le terrain mètre par mètre.

2 Nettoyage

Quand les paléontologues trouvent un fossile, ils enlèvent la roche autour des os à l'aide de petits outils et de pinceaux. Ils éliminent la boue et le sable qui les recouvrent avec de l'eau. Les petits objets (dents, silex...) sont aussi récoltés. Car ils peuvent apporter des informations sur la vie à cette époque.

3 Bandage

Les os prélevés sont recouverts de bandes de tissu trempées dans du plâtre qui les protègent. Pour ne pas confondre ces coques, on les numérote. Puis on les transporte dans un laboratoire ou un musée pour les analyser.

4 Plan du site

Les paléontologues dessinent ensuite sur un plan les fossiles découverts et leur emplacement pour avoir une vue d'ensemble du site. Les restes de plantes permettent de reconstituer la végétation de l'époque. Les restes d'animaux indiquent ce que chassaient et mangeaient les êtres qui vivaient dans ce lieu.

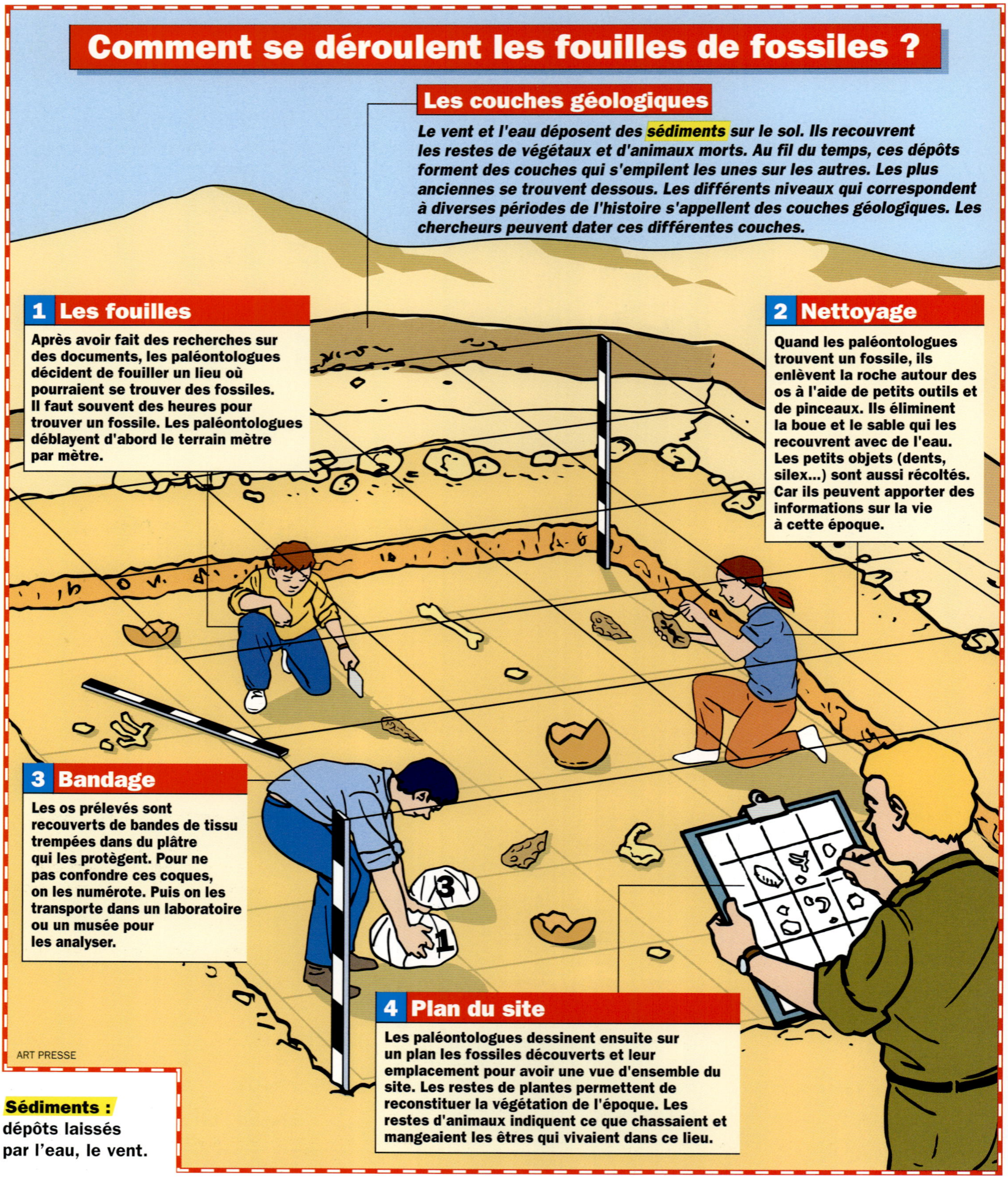

ART PRESSE

Sédiments : dépôts laissés par l'eau, le vent.

Parents, votre opinion nous intéresse !

Si vous faites partie des 100 premières réponses, vous recevrez **en cadeau Les Docs des Incollables** de votre choix.

Vous avez découvert Les Docs des Incollables pour la première fois :

❑ En magasin ❑ Par votre enfant qui les a vus à l'école
❑ Par les médias en général ❑ Par des amis, la famille
❑ Via *Mon Quotidien* ou *Le Petit Quotidien*
❑ Autre : ....

Quel(s) autre(s) titre(s) de cette collection possédez-vous ?

❑ Les chevaux ❑ La géographie de la France
❑ La conquête de l'Espace ❑ La Grèce antique
❑ Le corps humain ❑ Le Moyen Âge
❑ Les dauphins et baleines ❑ Les premiers hommes
❑ Le débarquement ❑ Les planètes
❑ Les dinosaures ❑ Le président de la République
❑ L'énergie ❑ La protection de l'environnement
❑ L'Égypte ❑ La 1re guerre mondiale
❑ L'Empire romain ❑ La 2nde guerre mondiale
❑ L'Europe et l'Euro ❑ Les rois de France
❑ La Gaule et les Gaulois ❑ La révolution française
❑ La génétique ❑ Aucun, c'est le premier que vous achetez

Le titre dont est issu ce questionnaire :

❑ Vous l'avez acheté à votre enfant ❑ Votre enfant l'a reçu en cadeau
❑ Votre enfant l'a acheté

À quel enfant ce titre est-il destiné :

Son année de naissance : .... Son sexe : ❑ garçon ❑ fille

Votre enfant s'est intéressé à ce documentaire :

❑ Pas du tout ❑ Beaucoup
❑ Un peu ❑ Énormément

L'a-t-il emporté à l'école ? ❑ Oui ❑ Non

À quelle occasion avez-vous acheté ce titre : (plusieurs réponses possibles)

❑ Pour approfondir un thème scolaire
❑ Dans le cadre d'un exposé à faire à l'école
❑ Par intérêt de votre enfant pour le thème
❑ Sur demande de votre enfant
❑ Pour un cadeau
❑ Sans occasion particulière
❑ Autre : ....

Quel(s) autre(s) titre(s) achèteriez-vous probablement dans la collection ?

❑ Le football ❑ Les grandes inventions ❑ L'histoire de France
❑ L'Amérique ❑ Les Media et Internet ❑ La Renaissance
❑ L'Afrique ❑ La musique ❑ Le siècle des Lumières
❑ Les drapeaux ❑ Napoléon ❑ Les religions
❑ Les volcans ❑ Louis XIV et Versailles
❑ La naissance de la vie ❑ Les grands personnages de l'histoire de France

❑ Autres : ....

Qu'aimez-vous particulièrement dans cette collection ?

....

Quelles améliorations apporteriez-vous à cette collection ?

....

Pour vous, cette collection s'adresse à des enfants de : .... à .... ans.

Est-ce que vous possédez d'autres livres ou jeux à marque Incollables ?

❑ Oui ❑ Non Si oui, le(s)quel(s) : ....

....

Les DOCS des INCOLLABLES ont été conçus avec une équipe d'experts.
Si toutefois vous constatiez une erreur ayant échappé à notre vigilance, merci de nous écrire à :
Éditions Play Bac
33, rue du Petit-Musc 75004 Paris

Cet ouvrage a été conçu et réalisé sous la direction de Play Bac. Nous tenons à remercier pour leur contribution : Ronan Allain (Muséum National d'Histoire Naturelle), Nicolas Chalandon, Julia Chauvin, Claire Despine, Antoine Mazelier, Jean-François Mignon, Pascale Gramond, Laurence Pasquini, Alain Pichlak

Parents,
votre opinion nous intéresse !

Précisez ici le titre que vous aimeriez recevoir en cadeau* :

❏ Les chevaux	❏ L'Empire romain	❏ Les planètes
❏ La conquête de l'espace	❏ La Gaule et les Gaulois	❏ Les premiers hommes
❏ Le corps humain	❏ La Grèce antique	❏ Le président de la République
❏ Les dauphins et baleines	❏ La génétique	❏ La première Guerre mondiale
❏ Le débarquement	❏ La géographie de la France	❏ La protection de l'environnement
❏ Les dinosaures	❏ La météo et les climats	❏ Les rois de France
❏ L'Égypte	❏ Le Moyen Âge	❏ La seconde Guerre mondiale

NOM : .... PRÉNOM : ....

ADRESSE : ....

....

CODE POSTAL : .... VILLE : ....

Numéro de téléphone : ....

Courrier électronique : ....@...

Nombre d'enfants de moins de 16 ans dans la famille :

❏ 0 ❏ 1 ❏ 2 ❏ 3 ❏ 4 et plus

Précisez l'âge des enfants : ....

* pour les 100 premières réponses

LES PREMIERS HOMMES

Affranchir au tarif LETTRE

ÉDITIONS PLAY BAC

33, rue du Petit-Musc

75004 Paris